Reiseführer für
ROM
Kids

D1666933

Archeolibri

ARCHEOJUNIOR

Die wichtigsten Fakten über Rom

Staat: Italien **Region:** Latium
Grundfläche: 1.287,36 km²
Einwohner: 2.848.000
Name der Einwohner: Römer
Schutzheilige: Der heilige
Petrus und der heilige Paulus

Feiertag: 29. Juni
Andere Namen: Die Ewige
Stadt, Urbe, Caput Mundi
Motto: SPQR - *Senatus
Populusque Romanus* (Senat
und Volk von Rom)

Die Geschichte der antiken Stadt Rom

Die eindrucksvolle Hauptstadt Italiens ist reich an Geschichte und Kunst. Sie war in der Geschichte so wichtig, dass sie oft als „**Caput Mundi**" bezeichnet wurde, was „Hauptstadt der Welt" bedeutet. Rom war früher einmal Zentrum eines riesigen Reiches, das nicht nur die gesamte italienische Halbinsel und Europa, sondern auch Nordafrika und den Nahen Osten umfasste. Ab 313 n. Chr. wurde die Stadt das Zentrum des Christentums, der Sitz der Päpste und schließlich die Hauptstadt Italiens. Noch heute sind die Überreste der Antike überall in der Stadt zu sehen, faszinierende Spuren voller Geschichte!

DIE LEGENDE VON DER RÖMISCHEN WÖLFIN

Einer alten Legende nach stritten im alten Latium die beiden Brüder Amulius und Numitor um den Thron der Stadt Alba Longa. Amulius gelang es, seinen Bruder zu entmachten, und er zwang dessen Tochter Rhea Silvia, Vestalin zu werden, d. h. Priesterin des Tempels der Vesta, damit sie niemals heiraten und keinen Erben haben würde, der den Thron für sich beansprucht. Die junge Rhea Silvia wurde jedoch von dem Gott Mars verführt und sie bekam zwei Kinder, die Zwillinge: **Romulus und Remus**. Der wütende Amulius befahl daraufhin, die Babys sofort töten zu lassen. Der verantwortliche Wächter hatte jedoch nicht den Mut, ein solches Verbrechen zu begehen. Er versteckte die Kinder in einem Korb und setzte sie auf dem Fluss Tiber aus, in der Hoffnung, dass jemand sie finden und sich um sie kümmern würde. Zum Glück hörte eine Wölfin, die zum Fluss gekommen war, um zu trinken, das Weinen der Babys und brachte sie ans Ufer, wo sie aufwärmte und säugte. Der Legende nach wurde Romulus später der Gründer von Rom.

DIE SIEBEN HÜGEL VON ROM

Vor der Gründung Roms gab es hier nur kleine Dörfer, die auf den kleinen Hügeln rund um den Tiber verstreut lagen, denn die Täler waren oft sumpfig und weniger gut zu verteidigen. Mit der Zeit wurden die Dörfer durch Kriege oder Bündnisse vereint. So ist die Stadt Rom entstanden!
Die sieben Hügel waren die Höhenzüge, auf denen das ursprüngliche Rom erbaut wurde und die heute noch im historischen Stadtkern zu sehen sind. Sie sind etwa 50 m hoch und wurden im Laufe der Jahrhunderte im Zuge der Stadterweiterung verändert. Wie uns die alten lateinischen Autoren berichten, hießen diese: **Aventin, Kapitol, Caelius, Esquilin, Palatin, Quirinal, Viminal.**

ZEITLEISTE

10.-9. Jh. v. Chr.	Bronzezeit Eisenzeit	Die Latiner bauen Dörfer in der Region Latium.
		Gründung von Rom (753 v. Chr.).
8.-6. Jh. v. Chr.	Königszeit	Rom erobert Alba Longa (641 v. Chr.).
		Kriege gegen die Etrusker (6.-5. Jahrhundert).
5. Jh. v. Chr.		Rom verbannt Lucius Tarquinius Superbus und die römische Republik entsteht (509 v. Chr.).

Kriege gegen die italischen Völker: Volsker, Äquer, Herniker, Sabiner und Latiner (5. Jh. v. Chr.).
Rom zerstört die etruskische Stadt Veji (heute Veio) (395 v. Chr.).
Rom wird von den Galliern überfallen (390 v. Chr.).

Kämpfe zwischen Patriziern und Plebejern.
Erste schriftliche Gesetze (4. Jh. v. Chr.).

Erster Samnitischer Krieg (343-341 v. Chr.).
Latinerkrieg und Auflösung des Latinischen Städtebundes (340-338 v. Chr.).
Zweiter Samnitischer Krieg (326-304 v. Chr.).
Dritter Samnitischer Krieg (298-290 v. Chr.).
Erster Punischer Krieg (264-241 v. Chr.), Sizilien wird römische Provinz.
Die Römer besetzen Sardinien, Sizilien und Korsika (237 v. Chr.).
Zweiter Punischer Krieg (218-201 v. Chr.).
Im 2. Jahrhundert v. Chr. erobern die Römer die meisten Gebiete am Mittelmeer und schaffen neue Provinzen, wie Griechenland, Asien, Afrika und Gallien. Dritter Punischer Krieg (149-146 v. Chr.).

GAIUS IULIUS CAESAR

Bundesgenossenkrieg (*bellum sociale*), Rom gewährt den italischen Völkern das Bürgerrecht (91-89 v. Chr.).
Kämpfe zwischen Marius und Sulla (88-86 v. Chr.), Diktatur von Sulla (82-79 v. Chr.). Das erste Triumvirat: Caesar, Pompejus und Crassus (60-53 v. Chr.), Bürgerkrieg zwischen Caesar und Pompeius (49-45 v. Chr.), Tod von Caesar (44 v. Chr.). Zweites Triumvirat: Octavian, Antonius und Lepidus. Octavian besiegt Antonius und Kleopatra in der Schlacht von Actium (31 v. Chr.).

Left margin labels: 4. Jh. v. Chr. / 3. Jh. v. Chr. (Römische Republik) / 2. Jh. v. Chr. / 1. Jh. v. Chr.

Octavian Augustus wird erster Kaiser (27 v. Chr. - 14 n. Chr.). Großes Aufblühen von Architektur, Kunst und Literatur.
Geburt von Jesus Christus in Palästina (Jahr 0).

Nero (54-68), Bau der Domus Aurea. Der Brand von Rom (64).
Vespasian (69-79), Jüdischer Krieg und die Eroberung von Jerusalem (70). Ausbruch des Vesuvs und Zerstörung von Pompeji, Herculaneum und Stabiae (heute Castellammare di Stabia) (79).
Titus (79-81). Einweihung des Kolosseums (80).
Trajan (98-117), Eroberung von Dakien, Bau des Forum Romanum, der Trajansmärkte (italienisch Mercati di Traiano) und der Trajanssäule. Maximale Ausdehnung des Römischen Reiches.
Hadrian (117-138), Bau des Hadrianswalls in Britannien und der Hadriansvilla in Tivoli, Wiederaufbau des Pantheons in Rom.

Kaiserzeit

Marcus Aurelius (auch: Mark Aurel) (161-180), Partherkrieg (161/2-166), Handel mit China, Markomannenkriege in Germanien, Antoninische Pest (möglicherweise eine Masernepidemie).
Commodus (180-192), Ende der Christenverfolgung.
Septimius Severus (193-211), Kriege gegen die Parther (197-199) und die Errichtung des Triumphbogens.
Caracalla (211-217), römisches Bürgerrecht für alle freien Bürger des Reiches, Bau der größten Thermen Roms.

Aurelian (270-275) wehrt die Barbareneinfälle ab und baut eine neue Stadtmauer.
Diokletian (284-305), Ende der Militäranarchie, große Christenverfolgung.

4. Jh. n. Chr.	Maxentius (306-312), wichtige Bauwerke, darunter der Tempel des Romulus, die Maxentiusbasilika, die Maxentiusvilla und der Maxentiuscircus.
	Konstantin (306-337), Konstantinopel wird zur neuen Hauptstadt des Reiches (330), Religionsfreiheit für Christen (313). Plünderung von Rom durch die Goten (410).
5. Jh. n. Chr.	Romulus Augustulus, der letzte Kaiser, wird von Odoaker abgesetzt, Ende des Weströmischen Reiches (476).

Kaiserzeit

Die Goten errichten ihr Reich in Italien (493).

Die Langobarden fallen in Italien ein und entrissen dem Oströmischen Reich viele Gebiete in Norditalien (568).

6.-15. Jahrh

Am Weihnachtstag krönt Papst Leo III. in Rom Karl den Großen zum Kaiser des Heiligen Römischen Reiches (800).

Papst Gregor VII. Gerät in Konflikt mit Kaiser Heinrich IV. (Investiturstreit 1073-1085).

Rom wird von den Normannen unter der Führung von Robert Guiscard (1084) halb zerstört.

Bonifatius VIII. verkündete das erste Heilige Jahr (1300).

Clemens V. verlegte den Papstsitz von Rom nach Avignon (1305, wo er bis 1377 blieb).

Römische Republik von Cola di Rienzo. (1337-1354).

Die Kapitolinischen Museen, die älteste öffentliche Sammlung der Welt (1471), werden gegründet.

Mittelalter

15.-16. Jahrh

Julius II. bleibt mit dem Abriss des alten Petersdoms, um unter der Leitung des Architekten Bramante (1503-1513) zu errichten.

Michelangelo stattet die Sixtinische Kapelle mit Fresken aus (1508-1541).

Leo X., der Sohn von Lorenzo dem Prächtigen, machte Rom zum größten Zentrum der Renaissancekultur (1513-1521).

Renaissance

17.-19. Jahrh

Unter seinem Pontifikat beginnt die lutherische Reformation. Auf die daraus resultierenden Kämpfe folgte die verheerende Plünderung Roms durch die kaiserlichen Truppen von Karl V. von Habsburg (1527).

Republik der Jakobiner in Rom; Papst Pius VI. wird nach Frankreich verschleppt (1799).

Nach Napoleons Niederlage kann Pius VII. (1814) nach Rom zurückkehren.
Römische Republik unter der Führung des Triumvirats (1849).

Am 20. September dringen italienische Truppen durch den berühmten Durchbruch an der Porta Pia in Rom ein. Rom wird an das Königreich Italien angeschlossen (1870).
Erster Weltkrieg (1915-1918).
Am 11. Februar löste der Lateranpakt die „Römische Frage" zwischen der Kirche und dem Königreich Italien (1929).
Zweiter Weltkrieg (1939-1945). Rom unter der grausamen nationalsozialistischen Besatzung (1943-44). Im Juni 1944 befreien die alliierten Truppen Rom.
Die Italienische Republik wird nach dem Referendum vom 2. Juni (1946) ausgerufen.

Rom verzeichnet einen starken Bevölkerungszuwachs und neue Stadtteile werden gebaut (1950-1980).

DAS KOLOSSEUM

Es ist das berühmteste und meistbesuchte Bauwerk der Stadt und ein Symbol für die römischen Kaiser in der Antike. Es ist auch das größte Amphitheater der Welt.

Das Kolosseum wurde während der Herrschaft von Kaiser Vespasian (69-79 n. Chr.) gebaut, der seinem Volk ein Gebäude für Aufführungen geben wollte, und wurde 80 n. Chr. von dessen Sohn Titus eingeweiht. Da diese Kaiser der Familie der Flavier (Gens Flavia) angehörten, wird das Kolosseum auch **„Flavisches Amphitheater"** genannt. Seine Ausmaße waren für die damalige Zeit wirklich gigantisch: Die Außenmauer war 50 Meter hoch, 156 Meter breit und 188 Meter lang. Es bot Platz für mehr als 50.000 Zuschauer. Unter dem Bereich der Tribünen, befand sich die Arena: eine hölzerne, mit Sand bedeckte Plattform, auf der die Vorführungen stattfanden, dabei konnte es sich um Kämpfe zwischen Gladiatoren oder gegen wilde Tiere handeln. Vor dem Bau der unterirdischen Gänge wurden Naumachien, also Seeschlachten, im Kolosseum veranstaltet, das zu diesem Zweck mit Wasser gefüllt wurde!

DIE GLADIATOREN

Die **Gladiatoren** des alten Roms waren Sklaven, Kriegsgefangene oder gewöhnliche Menschen, die diesen riskanten Beruf in der Hoffnung ergriffen, reich und berühmt zu werden.

Die Kämpfer wurden von einem Gladiatormeister, *Lanista* genannt, ausgebildet. Sie lebten alle zusammen und trainierten hart. Sie erhielten gutes Essen und genossen auch eine gute medizinische Versorgung. Bei den Auftritten trugen sie einen besonderen und auffälligen Schutz: Helme mit Federn und aufwendigen Verzierungen, Rüstungen und Beinschienen, die über ihre Rolle und ihre Kampftechnik Auskunft gaben.

Das Tal des Kolosseums

Neben dem Kolosseum steht der über 20 m hohe **Konstantinbogen**, der größte Triumphbogen der Stadt (unter dem der Zug der siegreichen Feldherren, die nach Rom zurückkehrten, hindurchführte). Er wurde 315 zu Ehren des Kaisers Konstantin errichtet, der 312 seinen Widersacher Maxentius besiegte.

Dieser Triumphbogen wurde in großer Eile gebaut, wobei viele Elemente wie Reliefs, Statuen und Friese aus früheren Epochen wiederverwendet wurden, viele davon aus Marmor, einem kostbaren und heute seltenen Material.

Nur wenige wissen, dass das Innere auch über eine schmale Wendeltreppe zu erreichen ist, neben der wir auch die Unterschrift von Michelangelo finden, der hier einmal zu Besuch war!

In der Nähe des Kolosseums stand einst die **Domus Aurea**, die große und luxuriöse Villa von Kaiser Nero. Diese war von einem großen Park umgeben, der sich vom Palatin bis zum Esquilin erstreckte, und reich an Kunstwerken und feinen Dekorationen war. Als Nero starb, wurden alle Spuren von ihm ausgelöscht und im Laufe der Zeit wurde die Villa unter Erde begraben. Erst in der Renaissance wurde sie unter großem Erstaunen wiederentdeckt. Überreste der Villa können heute im Park auf dem Oppius (Parco di Colle Oppio) besichtigt werden. Darunter heute noch unter der Erde liegende Gebäudeteile und die berühmte achteckige Halle, die einst mit einem Mechanismus ausgestattet war, der sie sogar rotieren ließ!

Nicht weit vom Platz entfernt, wo sich das Kolosseum befindet, kann man auch die Überreste des **Ludus Magnus** finden. Es handelte sich um die wichtigste Gladiatorenschule, die von Kaiser Domitian im 1. Jahrhundert n. Chr. erbaut wurde und in der Gladiatoren lebten und trainierten.

Das Forum Romanum

Wenn man sich heute die Überreste des **Forum Romanum** ansieht, kann man sich nur schwer vorstellen, wie diese Orte zu der Zeit aussahen, als Romulus und Remus lebten.

Die Hirten kamen aus den umliegenden Bergen ins Tal hinunter, um ihre Herden zu tränken und trafen sich hier, um Vieh und Waren auszutauschen. In der republikanischen Zeit wurde das Gebiet zum Zentrum der Stadt, zum Treffpunkt der römischen Bürger, die über Politik, Wirtschaft und alles diskutierten, was mit dem öffentlichen Leben zu tun hatte.

Das Forum Romanum wird von der **Via Sacra** (Heilige Straße) durchquert, die zum Kapitol führte. Hier führten die Paraden siegreicher Generäle vorbei. Am höchsten Punkt der Straße steht der **Titusbogen**, der vom Senat nach dem Tod des Kaisers Titus im Gedenken an seine Eroberung von Jerusalem im Jahr 70 nach Christus errichtet wurde.

DIE KAISERFOREN

Die **Kaiserforen** bestehen aus einer Reihe von grandiosen Gebäuden und Plätzen, die gegen Ende der römischen Republik und bis in die Kaiserzeit errichtet wurden, um die Größe Roms zu feiern. Dazu gehören die Foren von Caesar, Augustus, Nerva und Trajan.

Das Forum Romanum und die Kaiserforen sind heute eine riesige archäologische Ausgrabungsstätte, die durch eine lange, gerade Straße in zwei Hälften geteilt wird, die in den 30er Jahren des 20. Jahrhunderts gebaut wurde, die **Via dei Fori Imperiali** („Straße der Kaiserforen"). Einen Besuch darf man sich nicht entgehen lassen.

Blick auf das Forum Romanum mit dem Saturn-Tempel, dem Concordia-Tempel und dem Tempel des Vespasian.

Trajansforum - Trajansmärkte

Kaiser Trajan ließ auf dem Quirinalshügel ein grandioses Forum errichten, um an seine Siege im Osten Europas zu erinnern. Auf dem großen Platz, auf dem der politische und gesellschaftliche Austausch stattfand, stand die monumentale **Trajanssäule**, auf der die Ereignisse der Kriege in Dakien in einem spiralförmig aufsteigendem Flachrelief dargestellt sind.
Am Fuß der Säule befindet sich auch die Urne mit der Asche des Kaisers.

Auf beiden Seiten der Säule befanden sich jeweils **Bibliotheksgebäude**, eine griechische und eine lateinische Bibliothek, in denen Tausende von wertvollen Bänden mit dem Wissen der Antike aufbewahrt wurden.
An der Seite des Hügels, auf dem sich das Forum befand, erstreckten sich die monumentalen **Trajansmärkte**, wo die Römer alle möglichen Waren aus dem Reich kaufen und Geschäfte machen konnten. Sie bestanden aus einem halbrunden, dreistöckigen Gebäude mit einem wunderbaren Blick auf das Forum und die Ladengeschäfte, das von einem Säulengang überdacht wurde, und einem zweiten Gebäude darüber, das einen großen gewölbten Saal enthielt, in dem öffentliche Veranstaltungen mit vielen Menschen stattfinden konnten.

DER PALATIN

Der **Palatin** gilt als der älteste Teil und als legendärer Gründungsort der Stadt. Auf diesem Hügel befanden sich während der römischen Königszeit auch der Sitz der Könige und in der republikanischen Zeit die stattlichen Wohngebäude reicher Patrizierfamilien.

In der Kaiserzeit war es die bevorzugte Residenz der Kaiser: Neben Tempeln und dem **Stadio Palatino** (zeichnung unten) wurden hier die Paläste von Augustus, Tiberius, Caligula, den Flaviern und schließlich Septimius Severus gebaut.

DER CIRCUS MAXIMUS

Der Circus Maximus wurde vor allem für Wagenrennen genutzt, ein beliebter Sport in der Römerzeit. Rund um die Strecke gab es Tribünen mit 250.000 Sitzplätzen! Auch heute noch handelt es sich um einen hervorragenden Veranstaltungsort. Man kann hier auch gut joggen und dabei die Ruinen der Antike bewundern.

Die Wagen, auf denen die Römer zum Rennen antraten, wurden **„Streitwagen"** genannt. Sie konnten von einem oder mehreren Pferden gezogen werden, manchmal aber auch von Straußen oder Kamelen! Der Sieger des Rennens wurde mit Geld, Lorbeerkränzen und Palmwedeln belohnt.

DIE THERMEN DES CARACALLA

Die unter Kaiser **Caracalla** errichteten Thermen waren eine grandiose öffentliche Badeanlage, die von allen Römern genutzt werden konnte.

Auf einer Fläche von 12.000 Quadratmetern befanden sich hier eindrucksvolle Gebäude, Kalt- und Warmwasserbecken, Turnhallen, Saunen und Veranstaltungsräume.

THERMEN- UND BADEANLAGEN IM ALTEN ROM

Thermen - oder Badeanlagen - waren der ideale Ort, um sich zu waschen, zu entspannen, sich zu unterhalten, Freunde zu treffen und Geschäfte zu machen. Die Bäder hatten drei separate Eingänge: einen für Männer, einen für Frauen und einen für Sklaven. Kinder durften die Anlagen nicht betreten!

DIE AQUÄDUKTE

Rom verfügt heute über **11 antike** und 5 moderne Aquädukte zur Wasserversorgung. Aber die antiken Aquädukte von 312 v. Chr. (als das Wasser des Tibers nicht mehr ausreichte) bis 537 n. Chr. (als sie von den barbarischen Ostgoten teilweise zerstört wurden) waren ein Wunderwerk der Technik. Sie durchquerten weite Täler und durchschnitten Hügel und brachten mehr als eine Million Kubikmeter Wasser pro Tag in die Stadt, das einige privilegierte Privathäuser, zahlreiche öffentliche und monumentale Brunnen, alle öffentlichen Bäder und Thermen und die künstlichen Seen für die Seeschlachten versorgte.

Die Bautechnik war komplex und gut organisiert, wobei die Neigung des Geländes und ein System von Deichen und Staudämmen geschickt ausgenutzt wurde. Es gab eine Leitung, die oft größtenteils unterirdisch verlief, und ein oder mehrere Becken, sogenannte Absetzbecken, in denen sich Verunreinigungen absetzen konnten. Die Leitungen, die durch Täler hindurchführten, wurden von Bögen gestützt, die auch als Straßenbrücken dienen konnten.

Das Forum Boario und das Ghetto

Das **Forum Boarium**, das sich heute im Bereich der Piazza della Bocca della Verità befindet, war seit der Antike ein Ort für den Viehhandel und ein Marktplatz am Tiberufer. Der Bereich war von religiöser Bedeutung und für den Handel sehr wichtig. Dahinter befindet sich der **Portikus der Octavia**, eine Säulenhalle, die zu Ehren der Schwester von Kaiser Augustus errichtet wurde. Ganz in der Nähe liegt das römische **Ghetto**, in dem die Juden Roms vom 16. bis zum 19. Jahrhundert leben mussten und wo heute die große, 1904 erbaute Synagoge steht, in der viele Juden ihre Traditionen lebendig halten.

Die Bocca della Verità

Diese große Steinmaske, der sogenannte **Mund der Wahrheit** (italienisch: Bocca della Verità), die einen bärtigen Männerkopf mit Löchern für Augen und Mund darstellt, war ursprünglich ein ... Gullydeckel! Die Maske stellt einen Flussgott dar, der das Regenwasser von den Straßen schluckte und es durch Roms größten Abwasserkanal, die **Cloaca Maxima**, in den Tiber ableitete. Heute befindet sie sich in der Säulenvorhalle der alten **Kirche Santa Maria in Cosmedin** (foto oben). Eine berühmte mittelalterliche Legende besagt, dass du, wenn du eine Lüge erzählst und deine Hand in den Mund der Maske hältst, gebissen wirst.

DER AVENTIN

Der Aventin war in der Kaiserzeit eine wohlhabende Wohngegend. In der christlichen Zeit wurden hier einige schöne Kirchen gebaut, wie die alte **Kirche Santa Sabina** mit ihrem noch erhaltenen Holzportal aus dem 5. Jahrhundert und die **Kirche Sant'Alessio** mit ihrem romanischen Glockenturm und der Krypta. Vor der Priorei des Malteser-Ordens gibt es etwas Überraschendes: Durch das Schlüsselloch des Tores kannst du die **Kuppel des Petersdoms** sehen! Auf diesem grünen und friedlichen Hügel befinden sich der **Rosengarten von Rom** (foto unten) und der **Orangengarten** (Parco degli Aranci), von dem aus du einen herrlichen Rundumblick über die Stadt genießen kannst.

DIE PIAZZA NAVONA

Dieser Platz war ursprünglich ein Stadion, das von Kaiser Domitian in Auftrag gegeben und für Sportwettkämpfe genutzt wurde. Er war sehr groß und in ihm hatten bis zu 30.000 Zuschauer Platz. Vom antiken **Stadion des Domitian** gibt es heute noch Überreste, die in den unterirdischen Gängen unter der Piazza Navona besichtigt werden können. Aber auch an der Oberfläche kannst du seine längliche Form erkennen, die für Rennen bestimmt war. Wo heute die Gebäude rund um den Platz stehen, gab es früher Tribünen für Zuschauer. Der Name leitet sich vom lateinischen Wort Agonis (Spiele) ab.

In der Barockzeit wurde der berühmte **Vierströmebrunnen** von Bernini gebaut und die wunderschöne **Kirche Sant'Agnese in Agone** von seinem Rivalen Borromini entworfen. Bis zum 19. Jahrhundert wurde dieser Platz während der heißen Sommermonate überflutet und in einen Wasserpark für die Römer verwandelt!

Campo de' Fiori

Auf dem **Campo de' Fiori** wurden einst Hinrichtungen vollstreckt.
Hier wurde der Philosoph **Giordano Bruno** am 17. Februar 1600
wegen Ketzerei auf dem Scheiterhaufen verbrannt. Daran erinnert
die Statue von Ettore Ferrari von 1887 in der Mitte des Platzes.
Heute findet hier jeden Morgen ein typischer, lebhafter **Markt** statt.

Das Pantheon

Dieses berühmte Bauwerk hat einen griechischen Namen, der „Tempel aller Götter" bedeutet, und befindet sich im Stadtteil Pigna in der Altstadt. Ursprünglich wurde es im 1. Jahrhundert v. Chr. von **Agrippa**, dem Schwiegersohn von Kaiser Augustus, erbaut und nach einem Brand unter Hadrian in der heutigen Form wiederaufgebaut. Im Jahr 609 wurde es zur katholischen Kirche. Es ist bis heute erhalten und beherbergt viele Gräber bedeutender Persönlichkeiten aus der Vergangenheit.

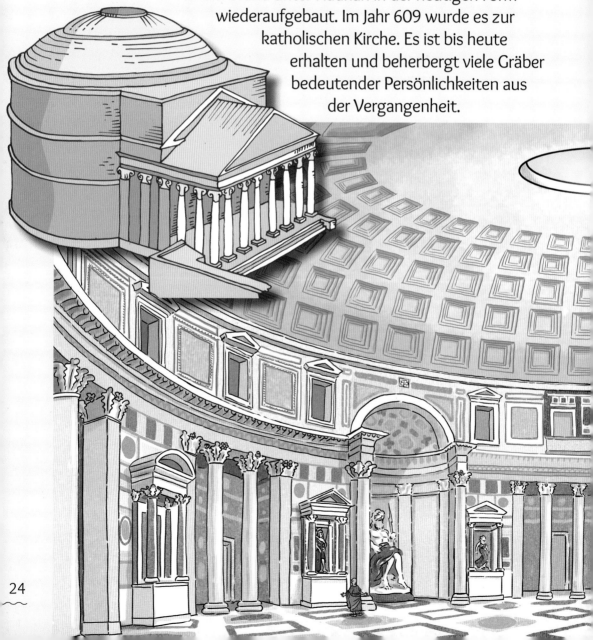

Das Gebäude besteht aus einem vorderen Teil mit acht Säulen, einem weiteren Gebäudeteil mit rechteckigem Grundriss und einem großen runden Raum. Das Dach dieses Tempels ist eine perfekte **Kuppel**, ein großartiges Beispiel für die außergewöhnlichen Baukünste der Römer. Das Gebäude wird durch ein Loch in der Decke, ein sogenanntes Oculus, beleuchtet. Durch diese Öffnung dringt allerdings auch Regen in das Innere ein! Der Legende nach dringt zwar Regenwasser in das Pantheon ein. Aber das stimmt eigentlich nicht. Die besondere Bauweise jedoch sorgt dafür, dass die warmen Luftmassen nach oben steigen, um die Wassertröpfchen aufzubrechen. Außerdem gibt es ein ausgeklügeltes System von Abflusskanälen, die das Wasser ableiten. So entsteht der Eindruck, dass kein Regen eindringt!

Auch **Raffael**, der berühmte Maler der Sixtinischen Madonna, ist im Pantheon begraben! Du wirst dich bestimmt an die beiden kleinen Engel dieses Gemäldes erinnern, die vor dem Hintergrund vieler weißer Wolken nach oben schauen ...

DER TREVI-BRUNNEN

Dieser prächtige Brunnen aus Travertin und Carrara-Marmor ist einer der berühmtesten Brunnen der Welt!

Er befindet sich neben dem **Palazzo Poli** und kann durch ein dichtes Netz von Straßen erreicht werden, die eine besondere Kulisse schaffen. Die Straßen scheinen Flüsse zu sein, die ins Meer fließen. Der Brunnen wurde im 18. Jahrhundert nach einem Entwurf des Architekten Nicola Salvi errichtet. Er hat es hier geschafft, klassische und barocke architektonische Elemente auf perfekte Weise zu kombinieren. Der Brunnen stellt die Meereswelt dar, mit dem Gott Neptun, Muscheln und Tritonen, griechischen Meeresgöttern. In den Seitennischen stehen Statuen, die die Allegorien der Gesundheit und der Fruchtbarkeit darstellen.

Im Laufe der Jahre stand der Trevi-Brunnen im Mittelpunkt vieler Legenden, Mythen und fantasievoller Darstellungen von Künstlern. Eine berühmte Legende besagt, dass du nach Rom zurückkehren wirst, wenn du eine **Münze** in den Brunnen wirfst und dabei dem Brunnen den Rücken zukehrst. Alle Touristen kennen diese Tradition und jeden Tag werden große Geldbeträge in den Brunnen geworfen, die die Stadt Rom täglich einsammelt und für wohltätige Zwecke spendet. Der Brunnen bringt jeden Tag etwa 3.000 Euro ein!

DIE RÖMISCHEN BRUNNEN

Rom hatte schon immer eine besondere Beziehung zum Wasser, wie die rund **2000 Brunnen** beweisen!
Als die Stadt gegründet wurde, gab es hier zahlreiche natürliche Quellen, die im Laufe der Zeit dank eines komplexen Leitungssystems und dem Bau von Aquädukten zu zahlreichen öffentlichen Brunnen ausgebaut wurden. Seit der Renaissance wollten Päpste und wichtige Politiker die Stadt mit Brunnen ausstatten, um ihren Reichtum zu demonstrieren. In der Barockzeit wurden einige der schönsten und größten Monumentalbrunnen der Stadt gebaut. Rom ist auch voll von kleineren und ungewöhnlicheren Brunnen und jeder einzelne hat eine Geschichte zu erzählen ...

DIE NASONI
Das sind kleine Brunnen, aus denen kostenloses Trinkwasser fließt. Ihren kuriosen Namen verdanken sie der Form des Hahns, der einer großen, länglichen Nase ähnelt!

Piazza Venezia

Dieser berühmte Platz heißt so, weil sich hier der **Palazzo Venezia** befindet, ein prächtiges Renaissancegebäude, das Papst Paul II., damals noch Kardinal, 1455 errichten ließ, um seine Großzügigkeit zu zeigen.

Das Monument aus weißem Marmor, wird **Vittoriano** (zeichnung unten) oder Altare della Patria (deutsch: Altar des Vaterlands) genannt. Es ist dem ersten König des Königreichs Italien, Viktor Emanuel II., gewidmet und steht am Fuße des Kapitols (Piazza del Campidoglio), wo sich einst der mittelalterliche Teil der Stadt befand. Die beiden riesigen Streitwagen mit geflügelten Siegerstatuen wurden 1908 gebaut und darauf aufgestellt. Sie sind von überall in der ganzen Stadt zu sehen. In der Mitte befindet sich der **Altare della Patria** mit dem Grab des unbekannten Soldaten zum Gedenken an die Gefallenen des Ersten Weltkriegs. Der Berg dahinter ist das **Kapitol**, einer der sieben Hügel, auf denen Rom gegründet wurde. Heute ist es der Sitz der Stadtverwaltung von Rom. Hier befinden sich die **Kapitolinischen Museen**, vor denen sich die große Reiterstatue Mark Aurels aus Bronze befindet.

Piazza del Popolo

Es handelt sich um einen riesigen symmetrischen Platz, der Anfang des 19. Jahrhunderts von dem berühmten Architekten Valadier erbaut wurde. In seiner Mitte steht der **Obelisco Flaminio**, der von Kaiser Augustus nach Rom gebracht und 1589 von dem Architekten Fontana hier aufgestellt wurde.

Auf der Nordseite des Platzes befindet sich die **Kirche Santa Maria del Popolo**, die viele bedeutende Kunstwerke enthält, darunter Gemälde von Pinturicchio, Caravaggio und Raffael.

AN DER VIA DEL CORSO

Die **Via del Corso** ist eine lange, gerade Straße, die von der Piazza del Popolo bis zur Piazza Venezia durch das Stadtzentrum führt und von bedeutenden Kirchen und prunkvollen Gebäuden gesäumt wird. In der Umgebung gibt es schöne Straßen mit den elegantesten italienischen Modegeschäften, wie die Via Condotti, Via del Babuino, Via Margutta und Via Frattina.

An der Via del Corso findet man unter anderem den **Palazzo Doria Pamphilj**, der die Galerie mit bedeutenden Renaissance- und Barockgemälden beherbergt, die eigentümliche **Kirche Sant'Ignazio** und die Überreste des antiken **Hadrianstempels** auf der kleinen, hübschen Piazza di Pietra. In der Mitte liegt die Piazza Colonna mit der Mark-Aurel-Säule, überragt vom **Palazzo Chigi**, dem Sitz des Ministerpräsidenten, und dem **Palazzo di Montecitorio**, dem Sitz der Abgeordnetenkammer.

Die Piazza di Spagna

Die Piazza di Spagna mit der Spanischen Treppe ist einer der berühmtesten Plätze der Welt.

In der Platzmitte steht ein kurioser Brunnen, die Fontana della **Barcaccia**, der von Pietro Bernini, dem Vater des berühmten Gian Lorenzo Bernini gebaut wurde. Der Brunnen hat die Form einer halbgeneigten Barkasse. Der Bildhauer wurde wahrscheinlich von einem Boot inspiriert, das auf dem Platz angespült wurde!
Wenn du die wunderschöne Spanische Treppe aus dem Jahr 1725 erklimmst, kannst du einen herrlichen Rundblick genießen. Insgesamt gibt es 136 Stufen, aber die Treppe ist so schön, dass du die Anstrengung nicht bemerkst, wenn du die Stufen hochsteigst!
Die Renaissancekirche **Trinità dei Monti** (foto oben) hat zwei Kuppeln und vor ihrer Fassade steht ein antiker ägyptischer Obelisk.

DIE RÖMISCHEN PARKANLAGEN

In Rom gibt es viele schöne Parks in der Nähe oder in der Altstadt. In den grünen Parks gibt es oft schöne, geschichtsträchtige Gebäude und jede Menge Aktivitäten für die ganze Familie!

Janiculum: Hier kann man mit dem Karussell fahren, die Aussicht ist wunderschön und sonntags gibt es auch ein Puppentheater.

Botanischer Garten: An den Hängen des Janiculum kannst du eine große Vielfalt an seltenen Pflanzen entdecken.

Villa Ada: In diesem großen Park mit gut angelegten Wegen, Spielplätzen, Karussells und Teichen gibt es auch einen Platz, auf dem im Sommer Konzerte stattfinden.

Villa Borghese: Es gibt Kinderkinos, Karussells, Bars, Fahrrad- und Bootsverleihe auf dem See, einen Reitclub, den Zoo und das Museum Galleria Borghese.

Villa Doria Pamphili: Dieser Park hat einen schönen Park mit Spielmöglichkeiten, Sportplätzen und einem Vogelhaus.

Parco regionale dell'Appia Antica: Dieser eindrucksvoller Park folgt dem Verlauf der antiken Via Appia, hier kann man viel über Geschichte lernen. Es gibt verschiedene Rundwege, die zu Fuß oder mit dem Fahrrad zurückgelegt werden können, sowie von Vereinen organisierte Führungen.

Galleria und Villa Borghese

Im Hauptteil der Villa, bekannt als **Villa Borghese Pinciana**, befindet sich die berühmte **Galerie Borghese** mit Werken wichtiger italienischer Künstler wie Bernini, Canova, Tizian, Raffael und Caravaggio. Neben der Villa Borghese liegt die **Villa Giulia**, die Sommerresidenz von Papst Julius III.

Auf dem Teich im Park kann man verschiedene Entenarten und Möwen beobachten.
Der **Teich** ist wirklich nett und hier kann man zum Beispiel auch eine romantische Bootsfahrt unternehmen (Foto unten).
In der Mitte des Beckens steht der **Äskulap-Tempel**!

Zur Anlage gehören auch ein Zoo (**Bioparco**), ein Kino und das kleinste Kino der Welt, das „**Cinema dei Piccoli**", mit nur 63 Zuschauerplätzen.
Das Kino wurde 1934 unter dem Namen „Casa di Topolino" (Das Haus von Micky Maus" eröffnet: Neben dem Schild stand ein Bild von Micky Maus, mit einer Kamera.

DER VATIKAN

Im Herzen der Stadt Rom liegt der kleinste Staat der Welt: der **Vatikan**. Er ist im Besitz der katholischen Kirche und wird von nur neunhundert Einwohnern bewohnt. Einer von ihnen ist der **Papst**! Das Wappen der Stadt zeigt zwei Schlüssel, die seit Jahrhunderten das Symbol des Heiligen Stuhls sind.

WEISSER ODER SCHWARZER RAUCH?

Wenn ein Papst stirbt, tritt der Rat der Kardinäle zusammen, um einen Nachfolger zu wählen. Diese Treffen dauern viele Tage und werden im **Konklave** unter größter Geheimhaltung und in Abgeschiedenheit abgehalten. Die einzige Möglichkeit, das Ergebnis der Wahl der Außenwelt mitzuteilen, ist der Rauch aus einem Heizkessel: Wenn der Rauch schwarz ist, ist die Wahl gescheitert. Wenn er weiß ist, wurde der neue Papst gewählt!

Der Petersdom

Diese riesige katholische Basilika ist das Symbol des Vatikanstaates. Sie ist 130 Meter hoch und umfasst eine Fläche von 22.000 Quadratmetern. Sie wurde ursprünglich in der konstantinischen Ära auf dem **Grab des Apostels Petrus** erbaut und später von dem Architekten Maderno im 17. Jahrhundert zu ihrer heutigen Gestalt in Form eines lateinischen Kreuzes mit der großen Kuppel von Michelangelo umgebaut.

Die Basilika beherbergt viele Kunstwerke wie Michelangelos **Pietà** und Berninis **Stuhl des Heiligen Petrus** (Cathedra Petri). Vor der Basilika liegt der Petersplatz mit Berninis berühmten Kolonnaden und der langen Via della Conciliazione. Die harmonische, ovale Anordnung der Kolonnaden erinnert an eine große Umarmung. In der Platzmitte steht ein altägyptischer Obelisk.

Die Schweizergarde

Im Vatikanstaat wird die Sicherheit des Papstes einer speziellen Armee anvertraut: der **Schweizergarde**.

Welche Eigenschaften braucht man, um Schweizergardist zu werden? Du musst natürlich Schweizer sein, katholisch, mindestens 174 Zentimeter groß und zwischen 19 und 30 Jahre alt. Die Uniform, die die Wächter tragen, ist sehr auffällig und elegant. Die Farben Blau, Rot und Gelb stechen hervor, davon hebt sich das Weiß der Handschuhe und des Kragens ab. Italienische Künstler der Renaissance haben sie entworfen.

DIE VATIKANISCHEN MUSEEN

Die **Vatikanischen Museen** gehören zu den größten und meistbesuchten Museen der Welt und beherbergen die außergewöhnlichen Kunstschätze, die die Päpste im Laufe der Jahrhunderte gesammelt haben. Sie sind in Gebäude, Galerien und Höfe unterteilt, in denen sich zum Beispiel die **ägyptische Abteilung** und die bedeutenden Sammlungen von Meisterwerken der **griechischen und römischen Kunst** befinden, mit großartigen Statuen wie dem Laokoon, dem Augustus von Prima Porta oder dem Torso vom Belvedere. Zu den Vatikanischen Museen gehören auch die von **Raffael** mit Fresken bemalten päpstlichen Gemächer (die sogenannten Stanzen des Raffael) mit der berühmten Szene der Schule von Athen, in der alle großen Philosophen der Antike dargestellt sind.

Die Sixtinische Kapelle

Beim Rundgang durch das Museum kann man auch die Sixtinische Kapelle bewundern, vielleicht einer der wertvollsten Kunstschätze der Vatikanstadt überhaupt. Auch Konklaven, die geheimen Treffen zur Wahl der Päpste, und andere offizielle Zeremonien finden hier statt. Die Wände und das Gewölbe dieser Kapelle sind mit den berühmten Fresken von **Michelangelo** geschmückt. Die dargestellten Themen sind von der Bibel, dem Alten und Neuen Testament, inspiriert.

Die Sixtinische Kapelle bietet einige sehr interessante Sehenswürdigkeiten. Michelangelo zum Beispiel gab den Figuren, die im berühmten Jüngsten Gericht dargestellt sind, Gesichter seiner Freunde und Bekannten. Wusstest du, dass nach dem Tod des Künstlers die im Originalfresko spärlich bekleideten Figuren mit Tüchern verhüllt wurden? Die Aufgabe, sie „wieder anzuziehen", wurde dem Maler Daniele da Volterra anvertraut, der von da an den lustigen Spitznamen „Braghettone" („Hosenmaler") erhielt. Eines der berühmtesten Details ist die Erschaffung Adams, die zeigt, wie Gott seine rechte Hand nach Adam ausstreckt. Das Zentrum der Szene besteht aus den Fingern, die sich nur fast berühren. Dies vermittelt die Vorstellung, dass Gott den Menschen allein mit dem Gedanken erschaffen hat.

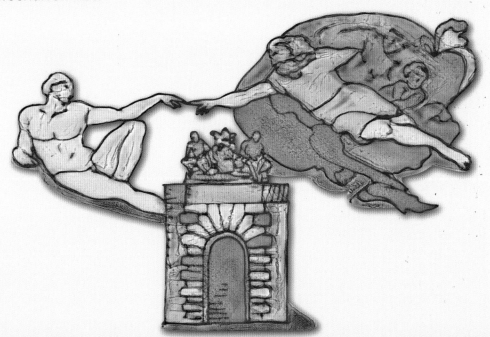

DIE ENGELSBURG

Am rechten Tiberufer und nur wenige Schritte vom Vatikan entfernt liegt diese Burg. Der Name geht auf die **Statue des Erzengels Michael** zurück, die sich auf der Spitze der Burg befindet, und erinnert an die wundersame Erscheinung, die Papst Gregor I. der Große im Jahr 590 hatte. Ihm erschien der Erzengel Michael, der ihm das Ende der Pest verkündete, indem er das Schwert des göttlichen Zorns in die Scheide steckte.

Diese Burg ist von der **Engelsbrücke** (Ponte Sant'Angelo) aus zugänglich und mit Engelsskulpturen geschmückt. Die Burg ist mit dem Vatikan durch einen geheimen, erhöhten Gang, den **Passetto di Borgo**, verbunden, der den Päpsten im Falle einer Gefahr die Flucht ermöglichen sollte. Ursprünglich war die Engelsburg **Hadrians Mausoleum**, das monumentale Grabmal des großen römischen Kaisers aus dem 2. Jahrhundert, das dann im Mittelalter in eine Festung umgewandelt wurde, die an die aurelianischen Mauern angebaut war. Im Jahr 1277 ging sie in den Besitz des Vatikans über und die päpstlichen Gemächer wurden hinzugefügt.

Die Ara Pacis und Das Mausoleum des Augustus

Nicht weit von Trastevere entfernt, am Lungotevere, steht die **Ara Pacis Augustae** (lateinisch „Altar des Friedens des Augustus"), ein wichtiges Denkmal, das Kaiser Augustus im Jahr 9 n. Chr. errichten ließ, um den Frieden in der gesamten römischen Welt zu feiern, und das hier 1938 wieder aufgebaut wurde. Die Ara Pacis, die wir heute sehen, besteht aus weißem Marmor, aber früher war sie in bunten Farben bemalt!

Auf der linken Seite der Via del Corso befindet sich die Piazza Augusto Imperatore mit dem **Mausoleum des Augustus** (Zeichnung unten), das als Grabstätte für den Kaiser und seine Familie errichtet wurde. Im 12. Jahrhundert wurde es in eine Festung umgewandelt, dann als Marmorsteinbruch und im 20. Jahrhundert als Konzertsaal genutzt.

TRASTEVERE

Trastevere ist eines der malerischsten Stadtviertel Roms. Der Name leitet sich vom lateinischen *trans Tiberim* ab, was „jenseits des Tibers" bedeutet.

Das Straßenbild mit seinen engen und verwinkelten Gassen ist darauf zurückzuführen, dass hier früher die ärmsten Menschen lebten und man erst im 15. Jahrhundert daran dachte, die Straßen zu pflastern, als Papst Sixtus IV. hier die charakteristischen Sampietrini verlegen ließ.

Sampietrini sind die Steine, mit denen die Straßen im Zentrum Roms und auf dem Petersplatz gepflastert wurden.

DIE GRATTACHECCA

Gegen die schwüle Hitze im Sommer haben die Römer die Grattachecca erfunden!
Es handelt sich um eine Mischung aus geriebenem Eis, die in einem Glas mit verschiedenen Kombinationen von Sirup und Obst serviert wird.
In Rom gibt es viele **Grattachecca-Kioske**, fast einen pro Viertel!

Heute findet man hier die typischsten Restaurants und Bars, und abends ist das Viertel voll mit jungen Römern und Ausländern! Trastevere ist auch ideal, um die typische römische Küche zu probieren ...

WAS KANNST DU IN EINEM RESTAURANT IN ROM BESTELLEN?

Die weltberühmten Pastagerichte sind ein Muss: *Bucatini all'Amatriciana*, *Rigatoni alla Carbonara*, *Spaghetti Cacio e Pepe* (mit Käse und Pfeffer) oder *Spaghetti Aglio, Olio e Peperoncino* (mit Knoblauch, Öl und Chili). Dann gibt es köstliches Gemüse wie Artischocken *alla Giudia* und *Puntarelle* (Spargelchicorée) mit Sardellen ... und nicht zuletzt die Desserts, wie zum Beispiel der köstliche *Maritozzo alla Panna*, eine Art süßes Brötchen mit Sahnefüllung!

DIE TIBERINSEL

Die **Tiberinsel** ist einer der mystischsten Orte in der Geschichte Roms. Einer Legende zufolge warfen die Römer, nachdem sie den letzten König Tarquinius Superbus verjagt hatten, das Getreide von den Feldern des Königs in den Fluss und bildeten so einen Müllhaufen, der der Insel ihre Form gab.

Aber die Ursprünge der Insel sind eigentlich viel älter: Es handelte sich um einen wichtigen Kreuzungspunkt des Tibers für die Handelswege zwischen Norden und Süden. Die Insel war der Ort des **Äskulap-Kultes**, des Gottes der Medizin, dem ein Tempel an der Stelle gewidmet war, an der heute die **Kirche San Bartolomeo** steht.
Die Kranken wurden auch auf der Insel unter Quarantäne gestellt, um sie zu isolieren und zu behandeln. Die Insel hat die Form eines Bootes und ist über zwei Brücken die **Ponte Fabricio** und die **Ponte Cestio** mit dem Festland verbunden.

DIE PAPSTBASILIKEN

Die **Papstbasiliken** sind die wichtigsten Kirchen der christlichen Welt. Die vier größeren befinden sich in Rom und die beiden kleineren in Assisi. Sie haben besondere Merkmale: eine Heilige Pforte und einen päpstlichen Altar (der Petersdom im Vatikan hat auch den päpstlichen Stuhl, den sogenannten Heiligen Stuhl).

Die Papstbasiliken in Rom sind **San Pietro** im Vatikan, die größte, **San Giovanni in Laterano** (Lateransbasilika), die Mutterkirche der Diözese Rom, **San Paolo fuori le mura** (Sankt Paul vor den Mauern) im Stadtteil Ostiense (zeichnung unten) und **Santa Maria Maggiore** auf dem Esquilin.

RÖMISCHE STRASSEN

Die Römer waren großartige Straßenbauer: Man schätzt, dass es rund 100.000 km befestigte und weitere 150.000 km unbefestigte Straßen gab, dank derer sich die römische Zivilisation in der gesamten bekannten Welt ausbreiten konnte!

Ein berühmtes Sprichwort sagt: „Alle Wege führen nach Rom": Die ersten und wichtigsten Straßen führten von Rom (auf dem Forum befand sich der **Milliarium Aureum**, Goldener Meilenstein, eine kleine Säule mit Entfernungsangaben) zu den wichtigsten italischen Städten und den Provinzen des Reiches, wobei ständig neue Brücken, Tunnel und Dämme gebaut wurden.

Die Via Appia

Die **Via Appia Antica** wird „Regina Viarum" (Königin der Straßen) genannt und war eine der schönsten und wichtigsten Straßen im alten Rom. Sie wurde 312 v. Chr. von dem Konsul Appius Claudius von Rom nach Kampanien gebaut. Sie wurde über viele Kilometer von den Gräbern der wichtigsten römischen Adelsfamilien gesäumt. Der im Bereich des **Parco dell'Appia Antica** gelegene Teil der Straße ist eine der schönsten und eindrucksvollsten Orte der Stadt.

Hier befinden sich das **Grab der Scipionen**, das **Grab von Priscilla**, die große **Villa des Maxentius**, das berühmte **Grab der Cecilia Metella** und die majestätische **Villa dei Quintili**, die später in eine mittelalterliche Festung umgewandelt wurde.

Die Katakomben

Ein dichtes Netz von dunklen und geheimnisvollen Tunneln schlängelt sich unterirdisch durch Rom: die Katakomben! Hier haben die ersten Christen in der Antike ihre Toten begraben. Die Wände dieser Tunnel waren mit Gräbern gesäumt, von denen einige mehr als eine Leiche enthielten, und waren mit wunderschönen Fresken bemalt, die vom flackernden Licht der Fackeln beleuchtet wurden. Zu den größten und berühmtesten an der Via Appia gehören die **Sebastian-Katakombe** und **Calixtus-Katakombe**.

DAS STADTVIERTEL EUR

Das Stadtviertel EUR im Südwesten Roms ist heute ein Viertel voller wichtiger Museen, wie das **Museo delle Civiltà** (Museum der Zivilisationen) und interessanter moderner Gebäude, wie dem **Palazzo della Civiltà Italiana**, auch bekannt als das quadratische Kolosseum, oder dem Kongresszentrum *La Nuvola*, einem Meisterwerk aus Stahl und Glas des Architekten Fuksas. In diesem Viertel gibt es auch Grünanlagen, darunter der große **Parco dell'EUR** mit seinem schönen See, auf dem sich Schwäne tummeln, und die *Passeggiata del Giappone* (Japanischer Weg), die während der Kirschblütenzeit im Frühling sehr romantisch ist. In EUR befindet sich auch Roms Vergnügungspark, der **Luneur Park**, und der **Palazzo dello Sport** (Foto unten), in dem Veranstaltungen und Konzerte stattfinden.

Die Abkürzung EUR, das dem ganzen Viertel seinen Namen gibt, ist nach der **Weltausstellung von Rom** (*Esposizione Universale Roma*) benannt.

CINECITTÀ

Cinecittà ist in der ganzen Welt bekannt und repräsentiert die italienische Filmgeschichte mit über 3000 Filmen, die von 1937 bis heute gedreht wurden.

Viele Regisseure haben diese wunderschönen Filmkulissen genutzt, darunter Martin **Scorsese**, Francis Ford **Coppola** und Federico **Fellini**. Unvergessliche Filme wie „La dolce vita" und amerikanische Produktionen wie „Der Pate" wurden hier gedreht. Am Eingang zum Cinecittà kannst du die Requisiten aus „Casanova" von Fellini

Rom  FÜR KINDER

Nützliche Adressen

Wichtig: Viele Aktivitäten finden an den Wochenenden statt.
Weitere Informationen findest du auf den jeweiligen Websites

- **Bioparco**, www.bioparco.it - Villa Borghese, Viale del Giardino Zoologico, 20

- **Casina di Raffaello**, www.casinadiraffaello.it - Villa Borghese, Viale Casina di Raffaello, 19

- **Cinecittà World**, www.cinecittaworld.it - Via Irina Alberti

- **Cinema dei Piccoli**, www.cinamadeipiccoli.it - Villa Borghese, Largo M. Mastroianni, 15

- **Explora**, www.mdbr.it - Via Flaminia, 82

- **Leonardo da Vinci Experience**, www.leonardodavincimuseo.com - Via della Conciliazione, 19

- **Luneur Park**, www.luneurpark.it - Via delle Tre Fontane, 100

- **Museo delle Civiltà**, www.museocivilta.cultura.gov.it - Piazza Guglielmo Marconi, 14

- **Orto Botanico**, www.ortobotanicoitalia.it - Largo Cristina di Svezia, 23a

- **Parco regionale dell'Appia Antica**, www.parcoappiantica.it - Via Appia Antica, 42

- **Planetario e Museo Astronomico**, www.planetarioroma.it - Piazza Giovanni Agnelli, 10

- **Technotown**, www.technotown.it - Via Lazzaro Spallanzani, 1

- **Welcome to Rome**, www.welcometo-rome.it - Corso Vittorio Emanuele II, 203

© 2021 Sassi Editore S.r.l. "Conosci ed Esplora Roma"
Viale Roma, 122b - 36015 Schio (VI).
© 2022 ARCHEOLIBRI S.r.l.
Via Romeo Rodriguez Pereira 102A - 00136 Roma
Tel. 02 94.75.99.70 - 06 354.970.51
www.archeolibri.com - info@archeolibri.com
Gruppo Lozzi Editori - www.gruppolozzi.it
"Guida di Roma Kids" ISBN 9788866680901
Alle Rechte vorbehalten. Made in Italy.

Illustrationen: Matteo Gaule, Nadia Fabris, Dario Calì.
Grafische: Sassi Editore S.r.l., Fabiana Benetti, Francesco Trupputi, Lozzi Graphics.
Texte von: Fabiana Benetti, Ester Tomè.
Übersetzungen: TperTradurre S.r.l.
Gedruckt von: C.S.C. Grafica S.r.l. - Guidonia (Rm)

GRUPPO LOZZI editori

ARCHEOJUNIOR